www.ingramcontent.com/pod-product-compliance
Lightning Source LLC
Chambersburg PA
CBHW042011110726
48006CB00004B/1051

UAE: 0097143336366
00971504599804
00971558236687
E: info@wahatalhekayat.com
متجر واحة الحكايات
www.wahatalhekayat.com
أكاديمية واحة الحكايات
مكتبة إلكترونية ومنصة تعليمية
www.wahatalhekayat.academy

أريد سنجابا

تأليف: صفــــاء عزمي
رسوم : حسن السعدي

ISBN: 9789948202301
الطبعة الثالثة عام 2022

متجر واحة الحكايات

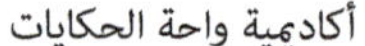
أكاديمية واحة الحكايات

أُريدُ سِنجابًا

تأليف: صفاء عزمي

رسوم: حسن السعدي

عِنْدَما وَصَلَ عُمَرُ إلى المَزْرَعةِ عانَقَ جَدَّتهُ وصَعَدَ مُسرِعًا إلى بيْتِ الشَّجَرةِ، جَلَسَ سَعيدًا في بيتِ الشَّجَرةِ يأكُلُ اللَّوزَ، ويَقْرأُ قِصَّةً، وفجْأةً وَجَدَ سِنْجابًا يَقِفُ عَلى فَرْعِ الشَّجَرةِ ويَنْظُرُ إلَيْهِ.

ابتَسَمَ عُمرُ ومَدَّ يدَهُ إلى السِّنْجابِ وهُو يَقولُ: أهْـلاً يا صَديقي، أنا اسْمي عُمَرُ، وأنْتَ ما اسمُكَ، لمْ يردَّ السِّنْجابُ، ولكِنَّهُ قَفزَ وأخَذَ يأكُلُ اللَّوزَ مِنْ يَدِ عُمَر.

نَزَلَ عُمَرُ على السُّلَّمِ يَحْمِلُ السِّنْجابَ ويقولُ لِأبيهِ وجَدَّتِهِ: أخيـرًا أصبحَ عِنـدي سِنْجـابٌ أليفٌ يَلْعَبُ مَعي ويَقْفِزُ مَعي ويُسابِقُني في الطَّريق.

قالَتِ الجَدَّةُ: ولكِنَّ هذا السِّنْجابَ بَرِّيٌّ ولَيْسَ أليفًا يا عُمَرُ. قالَ عُمَرُ: لا تَخافي يا جَدَّتي سَوْفَ أرْعاهُ وأُحْسِنُ مُعامَلَتَهُ، وراحَ سِنجو يَقْفِزُ، وعُمَرُ يَقْفِزُ وَراءَهُ.

قَضى عمرُ أيّامًا سَعيدَةً في المزْرَعةِ مع صَديقِهِ سِنجو، وبَعْدَ أيّام رَكِبَ عُمرُ ومعَهُ سِنجو السَّيارةَ مَعَ أبيهِ، وودَّعَ جَدَّتـه، وعادوا إلى منْزِلَهُم.

عِندَما وَصَلوا إلى البَيتِ أسرعَ عُمرُ إلى إلى حُجْرتِه ووَضَعَ سَمَّاعَةً عَلى رأسِهِ وسَمَّاعَةً أُخرى على رأسِ السِّنجابِ، أخَذَ عُمرُ يَقْفِزُ والسِّنجابُ يَقْفِزُ، راحَ عُمرُ يَدورُ والسِّنجابُ يَدورُ، وفَجْأةً...

التَفَّ السِّلْكُ الكَهْرَبائِيُّ حَوْلَ رِجلِ السِّنجابِ ثُمَّ حولَ ذَيْلِهِ، واقتَرَبَ السِّنجابُ مِنَ الكَهرباءِ، لَقَدْ تَكَهْرَبَ سِنْجو... فَصاحَ وطارَ بَعيدًا، وأصْبَحَ المِسكينُ يَخافُ مِنَ السَّمَّاعاتِ و(التِّليفوناتِ) وحتَّى (التِّليفِزْيوناتِ).

حَزِنَ عُمَرُ على صَديقِهِ سِنْجو، وقالَ: هيّا ياصَديقي نَأكُلُ الحَلْوَى. أَحَبَّ السِّنجابُ الحلوَى، وأكلَ وأكلَ وأكلَ، وامْتَلأت بَطنُهُ، وفَجْأةً... فووووووو...

خَرَجَتْ رائِحَةٌ مِنْ سِنجو وصاحَ الجَميعُ: ما هَذِهِ الرّائِحَةُ الكَريهَةُ؟ وتَركوا المَطْبخَ ، ما عَدا عُمرُ الّذي نَظَرَ إلى السّنجابِ وقالَ: لا تَحْزنْ يا سِنجو فهُمْ لَمْ يَعْتادوا وُجودَكَ مَعَهُمْ بَعْدُ، هيّا لِنَلْعَبَ في الحَديقَةِ.

في الحَديقةِ جَلسَ عُمرُ على أُرجوحةٍ وقالَ: هيّا يا سِنجو تَأرجَحْ مِثْلي، فَهِمَ سِنجو وجَلسَ عَلى الأُرجوحةِ وراحَ يَتَأرْجَحُ مِثْلَ عُمرَ، لكِنَّهُ بعدَ قَليلٍ وَضَعَ رَأسَهُ عَلى الحَبلِ وتَوَقَّفَ عَنِ الحَرَكةِ.

اقتَرَبَ عُمرُ من سِنجو وقالَ: لا بُدَّ أنَّكَ تُحِسُّ بالدُّوارِ يا سِنجو، لا تَخفْ، هَيّا لِنَدْخُلَ المنزلَ ونُراقِبَ الأَسْماكَ في الحَوضِ. رَفَعَ سِنجو رَأسهُ ثُمَّ صَرَخَ وهُوَ يَتألَّمُ ويضعُ يَدَهُ على بَطْنِهِ، أسْرَعَ عُمَرُ إلى أبيهِ يَحكي لهُ.

قالَ الأبُ: لا بُدَّ أنَّ سِنجو مَريضٌ، يَجِبُ أنْ نأخُذَهُ إلى الطَّبيبِ بِسُرعةٍ.

سَأَلَ الطَّبِيبُ: ماذا أَكَلَ السِّنْجابُ يا عُمَرُ؟ قالَ عُمَرُ: لَمْ يَأكُلْ شَيئًا مُضِرًّا، فَقَطْ أَكَلَ بعضَ الحلوى، والمشروباتِ الغازِيَّة. قال الطَّبِيبُ: هَذا الطَّعامُ لا يُناسِبُ السَّناجِبَ يا عُمَر، لِكَيْ تَرعى سِنجابا يَجِبُ أَنْ تَعْرِفَ ماذا يَأْكُلُ، أَيْنَ يَعيشُ، ما الَّذي يَنْفَعُهُ، وما الَّذي يَضُرُّهُ، ورُبَّما يُساعِدُكَ الفَهْم عَلى اتِّخاذِ القَرارِ الصَّائِبِ بِخُصوصِ الاحْتِفاظِ بِالسِّنْجاب في الـمنْزِل.

أَعْطى الطَّبِيبُ عمرَ قائِـمةً بِالأطْعمةِ الَّتي يَأكُلُها السِّنجابُ، كَما كَتبَ لهُ دواءً. وفي طَريقِ العَوْدةِ طَلَبَ عمرُ من أبيهِ أَنْ يَشْتريَ لِلسِّنجابِ بعضَ الطَّعامِ، عادَ عمرُ إلى الـمنزلِ يَحْمِلُ سِنجو وكيسَ الدَّواء، وكيسًا منَ البُنْدُقِ والجَوزِ الطَّازِج لِسِنجو.

وضَعَ عُمرُ سنجو في سَريرِهِ وأعطاهُ الدَّواءَ وأخذَ يَحكي لهُ حِكايةً، كانَ السِّنجاب ما زالَ يتألَّمُ ولكنَّهُ كانَ يَسْتَمِعُ إلى عمرَ بِحُبٍّ وسَعادةٍ.

عِندما نامَ سنجو جلسَ عمرُ يَبحثُ في (الكمبيوترِ) عنْ كَيْفِيَّةِ رعايةِ السِّنجابِ في المنزلِ. في الصَّباحِ قَفَزَ سِنْجو مِنْ سَريرِهِ وجاءَ إلى سَريرِ عُمرَ، عِندَها اطْمأنَّ عمرُ عَلى سَلامةِ سِنْجو وذهبَ الاثْنانِ إلى الـمَطْبَخِ.

أعَدَّ عُمرُ طَعامَ الإفطارِ ونزَلَ إلى الحَديقةِ وجَلَسَ يأكُلُ، بِجوارِهِ كانَ سِنجو يُكسِّرُ البُنْدُقَ والجوْزَ، ويأكُلُ وهُوَ سَعيدٌ، ولـمّا أحَسَّ عُمرُ بِالعَطَشِ ذهبَ إلى الـمَطْبَخِ لإحْضارِ الماءِ.

عِنْدَما عادَ عُمَرُ وَجَدَ سِنْجو قَدْ حَفَرَ الأَرْضَ وَسَطَ الوُرودِ الَّتي زَرَعَتْها أُخْتُهُ نَدى، وأَخَذَ يُخَبِّئُ حَبّاتِ الجَوْزِ والبُنْدُقِ في الحُفْرَةِ ويُغَطِّيها بالتُّراب.

نَظَرَ عُمَرُ مُنْدَهِشًا وقالَ: لِماذا فَعَلْتَ هَذا يا سِنجو؟ وجاءَتْ نَدى غاضِبَةً تَصيحُ: انظُري يا ماما لقَدْ حَطَّمَ سِنجو وُرودي الجَميلة، بَعْدَ أَنْ تَفَتَّحَتْ وكَبُرَتْ، لقَد تَعِبْتُ في زِراعَتِها ورِعايَتِها، والآنَ ضاعَ كُلَّ تَعَبي.

قالـتْ الأُمُّ: السَّناجِبُ تَحْفَظُ البُـذورَ تَحْتَ الأَرْضِ كَيْ تَأْكُـلَها في فَصْلِ الشِّـتاءِ، لا تَحْـزَني يـا نَدى، سَنُسـاعِدُكِ في زِراعَـةِ بُـذورٍ أُخْـرى. قالـتْ نَدى: ولَـوْ كَسَّـرَها سِـنْجو مَـرَّةً أُخْـرى؟ لَـمْ تَـرُدَّ الأم، ولكِنَّـها نَظَـرَت بِعتابٍ إلى عُـمَرَ وسِـنْجو.

خـافَ سِـنْجو مِـنْ نَدى وجَلَـسَ تَحَـتَ عَرَبةِ الحَديقَـةِ، راحَ عمرُ يَعْتَـذِرُ لِنَدَى، ويُحـاوِلُ أن يُقْنِعَها أنْ تُـسامِحَ سِـنجو، ووَعَدَها أن يُسـاعِدها في زِراعَـةِ أزهارٍ جَديدَةٍ.

حَمَلَ عُمَرُ سِنجو وجَلَسَ قُرْبَ بابِ المَنْزِلِ يَنْتَظِرُ أباهُ، وعِندَما جاءَ الأَبُ حَكى لهُ عمرُ عمَّا حدثَ، ثُمَّ قالَ: لَقَدْ قَرَأْتُ أنَّ السِّنجابَ يَجِبُ أن يَعيشَ وَسَطَ الطَّبيعةِ، حيثُ أنَّهُ لا يَتَكَيَّفُ جَيِّـــدًا مَعَ المَعيشَةِ في المَنازِلِ، وإنّهُ إذا عاشَ في المنزلِ فمِنَ الأفْضَلِ أنْ يوضَعَ في قَفَصٍ، وأنا لا أُحِبُّ أنْ أحْبِسَهُ، وقَرأْتُ أيْضًا أنَّهُ قَدْ يَقومُ بخَدْشِ النَّاسِ، وأنا قَلِقٌ لِأنَّ نَدي غاضِبةٌ مِنْهُ وَهوَ خائِفٌ مِنْها.

قالَ الأَبُ: ما رأيُكَ يا عُمَرُ أنْ نأخُذَ سِنجو إلى مزْرَعَةِ جَــدَّتِكَ الَّتي وَجَدْناهُ فيها أوّلَ مرَّةٍ، وهُوَ سَيَكونُ سَعيدًا عِندما يَعودُ إلى أهلِهِ وبيئتِهِ الطَّبيعيّةِ هُناكَ.

في المَزْرَعَةِ صَعَدَ عُمَرُ وَسِنجو إلى بَيْتِ الشَّجَرةِ، كانَ سِنجو سَعيدا يَقْفِزُ مِنْ فَرْعٍ إلى فَرْعٍ، ويَأْكُلُ اللَّوزَ اللَّذيذَ.

كانَ هُناكَ الكَثيرُ مِنَ الأشْجارِ، والكَثيرُ الكَثيرُ مِنَ اللَّوْزِ، ولكِنَّ سِنجو كانَ يَتْرُكُ عُمَرَ ويَقْفِزُ إلى قِمَّةِ الشَّجرةِ، يَجْلِسُ عَلى أعْلى الفُروعِ وينْظُرُ إلى الأُفُقِ.

نَزَلَ عُمَرُ، وقالَ لِأبيهِ: سِنجو لا يَلْعَبُ مَعي، ودائِمًا يَنْظُرُ بَعيدًا.
قالَ الأبُ : رُبَّـما يُحِسُّ بِالمَلَلِ، هَيّا لِنَأْخُذَهُ في جَوْلَةٍ بِالسَّيّارَةِ.

أخَذَ عُمَرُ يُنادي سِنجو لِيَنْزِلَ: انْزِل يا سِنجو... انْزِل يا سِنجو... ولَمْ يَتَحَرَّكْ سِنجو مِنْ مَكـانِهِ، ولكِنْ عِنْدَما رَأى السَّيّارَة تَتَحَرَّكُ أسْرَعَ يَقْفِزُ نَحْوَها تارِكًا الشَّجَرَةَ.

22

أخـذَ سِـنجو يَهُـزُّ ذَيْلـهُ بِسـعادةٍ وهُوَ يَنْظُـرُ مِـنْ شُـباكِ السَّـيّارَةِ، ومِـنْ خَـلفِ التـلّالِ ظَهـرتْ مَجموعـةٌ مِـنَ السَّـناجبِ، التفَّـتِ السَّـناجبُ حـولَ السَّـيّارةِ وراحـتْ تَقْفِـزُ وتُصـدرُ أصـواتَ ترحيبٍ وسَعادةٍ.

وفَجْـأةً قَفَـزَ سِـنجو وأخذَ يَجـري مَعَ السَّـناجبِ بَعيـدًا، راحَ الأبُ يَتْبَعُهـا بِالسَّـيّارةِ، لَكِـنَّ السَّـناجبَ اخْتفَـتْ خَلْـفَ الصُّخـورِ ولَـمْ يَعُـدْ مِـنَ المُمْكِنِ اللّحـاقُ بِها.

انْتَظَـرَ الأبُ وَعُمَـرُ حَتَّى يَعـودَ سِـنجو، ولَكِنَّهُ لَمْ يَعُدْ، وَعِنْدَما غَرُبَـتِ الشَّـمسُ قالَ الأبُ: مِنَ الأفْضَلِ أنْ نَعـودَ إلى المَزْرَعَةِ حَتَّى لا تَقْلَقَ جَدَّتُك يا عمر.

في الطَّريقِ قالَ عُمرُ لِأبِيهِ: أنا حزينٌ لِأنِّي فقدتُ سِنجو وربَّما لنْ أراهُ مرَّةً أُخرى، قالَ الأبُ: هلْ تَظُنُّ أنَّه سَيكونُ سَعيدًا هُناكَ؟

قالَ عُمرُ: هُوَ يَبْدو سَعيدًا وَسطَ أصْدِقائِه، الآنَ فَهِمْتُ لِماذا كانَ يَنْظُرُ بَعيدًا عِنْدَما كانَ يَجْلِسُ أعْلى الشَّجَرةِ، لَقْدْ كانَ يُراقِبُ أصْدِقاءهُ السَّناجِبَ وهِيَ تَلْعَبُ بَينَ الصُّخورِ.

قالَ الأبُ: لا بُدَّ أنَّهُ يَشْتاقُ إلى اللَّعِبِ مَعَ أصْدِقائِه، ألا تَشْتاقُ إلى اللَّعِبِ مَعَ أصْدِقائِكَ في فَريقِ كُرَةِ القَدَمِ؟ تَذَكَّرَ عُمرُ أصْحابَهُ، وفريقَ الكُرَةِ، وقالَ: سَيَبْدأُ دَوْريُّ كرةِ القدمِ قَريبًا، وأنا لمْ أتَدَرَّب جَيِّدًا لِأنَّني كُنْتُ مَشْغولًا مَعَ سنجو. قالَ الأبُ: الآن سنجو قَدْ وَجَدَ فريقَهُ، وأنتَ لا بُدَّ أنْ تَبدأ التَّدريبَ مَعَ فريقِكَ.

ولمَّا عادَ عمرُ إلى المنزلِ صَعَدَ إلى بَيْتِ الشَّجَرةِ وراحَ يَنظُرُ إلى مكانِ الصُّخورِ حيثُ قَفَزَ سِنجو معَ أصحابه، ولكِنَّ الظَّلامَ كانَ حالِكًا، وناداه أبوه: هيَّا يا عُمرُ إلى النَّوْمِ فَسَوْفَ نُسافِرُ ونَعودُ إلى المَنزِلِ غَدًا.

وفي الصَّباحِ الباكرِ جهَّزَ الأبُ السَّيارةَ ولكنَّ عمرَ قالَ: سأشْتاقُ إلى سِنجو كَثيرًا. قالتِ الجدَّةُ: السَّناجِب تَعيشُ هُنا سَعيدةً وَسَطَ الحَدائِقِ يا عُمَر.

وقَالَ الأبُ: لا كَهْرباءَ تُؤْذيها ولا أطْعِمـةً توجِـعُ بَطْنها. ضحِكَتِ الجدَّةُ وقَالَت: ولا نَـدى تغضبُ مِنها عِنْدما تُحَطِّمُ الوُرودَ.

ابْتَسمَ عُمرُ وقالَ: لقدْ تَذكَّرْتُ، هلْ يُمكِنُ يا جدَّتي أنْ آخذَ بعضَ شَـتلاتِ الوُرودِ مِنْ حَديقتِكِ هَديَّةً لِندى؟ ضَحِكتِ الجدَّةُ وقالَتْ: بالطَّبعِ يا حَبيبي.

وَدَّعَ عُمَرُ جَدَّتَهُ وركِبَ السَّيارةَ معَ أبيهِ، وفي الطَّريــــقِ شاهَدَ سِنجو يَقْفِزُ مَعَ أصْدِقائِهِ السَّناجِبِ بينَ الصُّخـورِ، أحَسَّ عمـر بالرّاحـةِ وهوَ يُشاهِدُ سِنجو حُرًّا سَعيدًا وسَطَ أصْدِقائِهَ وبيئتِهِ الطَّبيعيَّةِ.

وفي كلِّ إجازةٍ عِنْدَما يَزورُ عـمـرُ مَزرعـةَ الجدَّةِ ويُضِئُ النّورَ،
يَـأتي سِـنجو معَ أصحـابِهِ لِيأكُلوا اللَّـوْزَ الطَّـازَجَ، ويلْعبوا حوْلَ
عُـمـرَ في بَيْتِ الشَّجَرة.

بَعْدَ قِرَاءَةِ القِصَّةِ أَقُومُ بِبَعْضِ الأَنْشِطَةِ والنِّقَاشَات:

- اقتِراح: أَقترِحُ عُنْوانًا جَديدًا لِلْقِصَّة.

- تَفكير: ما الَّذي سَوفَ يَحْدُثُ لِلْبُذُورِ الَّتي يَحْفَظُها السِّنْجابُ داخِلَ الأَرْضِ؟

- نِقاش: ما هِيَ الأَشْياءُ الَّتي يَجِبُ أَن نُعِدَّها وَنُفَكِّرَ فِيها قَبْلَ أَن نَّتَّخِذَ حَيْوانًا أَليفاً؟

- مُلاحظة: أُعدِّدُ الفُروقَ بَيْنَ المَنْزِلَ والبِيئَةِ الطَّبيعِيَّةِ الَّتي يَعيشُ فيها السِّنجابُ؟

- تَفكير: هَلْ مِنَ السَّهْلِ أَنْ نَرعَى حَيْواناً أليفاً؟

- بَحث: أَبْحَثُ عَن صُوَرٍ لِلأَنْواعِ الْمُخْتَلِفَة مِنَ السَّناجِبِ.

- رَسم: أَرسُمُ صورَةً لِحَيْوانٍ أَليفٍ أُحِبُّهُ.